BEI GRIN MACHT SICH IHR WISSEN BEZAHLT

- Wir veröffentlichen Ihre Hausarbeit, Bachelor- und Masterarbeit

- Ihr eigenes eBook und Buch - weltweit in allen wichtigen Shops

- Verdienen Sie an jedem Verkauf

Jetzt bei www.GRIN.com hochladen und kostenlos publizieren

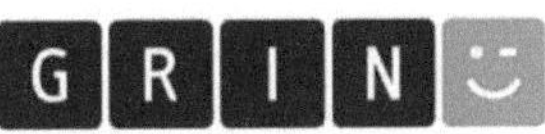

Christoph Benken

Archivarbeit in der Gegenwartskunst am Beispiel des Werks 9/12 Frontpage von Hans-Peter Feldmann

GRIN Verlag

Bibliografische Information der Deutschen Nationalbibliothek:

Die Deutsche Bibliothek verzeichnet diese Publikation in der Deutschen National-
bibliografie; detaillierte bibliografische Daten sind im Internet über http://dnb.d-
nb.de/ abrufbar.

Impressum:

Copyright © 2013 GRIN Verlag GmbH
Druck und Bindung: Books on Demand GmbH, Norderstedt Germany
ISBN: 978-3-656-74741-3

Dieses Buch bei GRIN:

http://www.grin.com/de/e-book/280698/archivarbeit-in-der-gegenwartskunst-am-
beispiel-des-werks-9-12-frontpage

Carl von Ossietzky Universität Oldenburg

Seminar: Whistler's Mother revisited. Diskursive Räume in Kunst und Medien

Semester: SoSe 2013

Archivarbeit in der Gegenwartskunst am Beispiel von Hans-Peter Feldmanns Werk *9/12 Frontpage*

Ausarbeitung meines Referats am 13.06.2013

Christoph Benken

Studiengang: Kunst- und Medienwissenschaft
Fachsemester: 3. Sem., M.A.

Datum: 30.09.2013

Inhaltsverzeichnis

1. Einleitung

Die Ausarbeitung beschäftigt sich mit archivarischen Praktiken in der Gegenwartskunst. Es soll die Bemühung angestellt werden, sich diesen anhand des Werks *9/12 Frontpage* (2008) von Hans-Peter Feldmann zu nähern.

Dem Künstler Hans-Peter Feldmann dient der Alltag als wichtigste Inspirationsquelle für seine Motive. Seine Werke wecken kollektive oder persönliche Erinnerungen und bieten den BetrachterInnen somit einen Raum der Auseinandersetzung mit diesen. Die vorgefundenen Materialien archiviert und arrangiert er. Sein künstlerischer Eingriff fällt dabei oftmals, wie auch bei dem in dieser Arbeit untersuchten Werk, sehr gering aus.[1].

9/12 Frontpage ist eine Zusammenstellung von Titelseiten verschiedener Tageszeitungen aus aller Welt, die am Tag nach dem 11. September 2001 veröffentlicht wurden.

Die Ausarbeitung meines Referats am 13.06.2013 beschäftigt sich aber weder genauer mit den Ereignissen dieses Tages noch mit Theorien zu den Ursachen der Anschläge. Vielmehr soll die Art der medialen Präsentation und Feldmanns künstlerische Reaktion auf diese fokussiert werden.

Bei der Betrachtung des Werks fällt sofort die Ähnlichkeit der Schlagzeilen und Fotografien auf, die zumeist die einstürzenden Zwillingstürme zeigen. Besonders diese Bilder üben auf die BetrachterInnen eine besondere Macht aus und ziehen sie in ihren Bann. Nach einer kurzen Beschreibung des Werks soll dieses hinsichtlich der besonderen Rolle der Bilder und deren unablässiger Wiederholung zur Zeit der Anschläge auf das World Trade Center untersucht werden.

Danach sollen auf sammlerische bzw. archivarische Praktiken eingegangen werden, um diese auf das Werk zu beziehen. In welchem Sinne kann das Werk als Archiv gelten und was unterscheidet es von einem solchen? Wo liegt das Potenzial einer solchen künstlerisch archivarischen Praktik? Diese Fragen sollen auch mit den vorherigen Forschungen in Verbindung gebracht werden.

---

[1] Deichtorhallen, Online im Internet: URL: http://www.deichtorhallen.de/index.php?id=336 – Zugriff am 20.09.2013

2. *9/12 Frontpage*

Am Abend des 11. September 2001, dem Tag der Anschläge auf das World Trade Center in New York, entschloss sich Hans-Peter Feldmann, eine möglichst große Zahl an Zeitungen des folgenden Tages zu sammeln. Am 12. September kaufte er also in Düsseldorf alle für ihn erreichbaren Zeitungstitel. Weiterhin sendete der Künstler Mails an Bekannte aus aller Welt und äußerte die Bitte, vor Ort alle Zeitungen, die sie finden konnten, für ihn zu sammeln und diese Bitte wiederrum an ihre Bekannten weiterzuleiten. Auf diese Weise kam Feldmann letztlich in den Besitz von 151 Zeitungen bzw. deren Titelseiten, für die er sich interessierte. Erst 2008, also 7 Jahre später, zeigte Feldmann eine Arbeit mit dem Titel *9/12 Frontpage* im *International Center of Photography* in New York. Die Titelseiten wurden ungerahmt an dunkel gestrichene Wände gehängt. Eine Hierarchie in der Reihenfolge war nicht erkennbar[2]. Bei der Hängung wurden die Titelseiten rundherum, an allen Wänden eines eigens für das Werk reservierten Raumes verteilt, den sie, wie die Abbildungen zeigen, ganzheitlich in Beschlag nahmen.

Es entsteht ein Raum, der beherrscht ist von der Bildberichterstattung in der Presse am Tag nach 9/11, dessen Wirkung sich die BetrachterInnen aufgrund der Allgegenwärtigkeit der Bilder von Leid und Zerstörung nicht entziehen können. Der äußere physische Ausstellungsraum verweist also auch auf einen Raum, der von dem Schockerlebnis der Anschläge am 11. September 2001 beherrscht ist, welche das Selbstbild der westlichen Welt erschütterte und, so Tom Holert, "einen Riss in der Geschichte"[3], eine "historische Zäsur"[4] markiere. Foucault unterscheidet in seinem Essay "Andere Räume" zwischen äußeren und inneren Räumen und umreißt letztere wie folgt:

> [...] es ist ein leichter, ätherischer, durchsichtiger Raum, oder es ist ein dunkler, steiniger, versperrter Raum [...]es ist ein Raum der Niederung, ein Raum des Schlammes [...] Diese für die zeitgenössische Reflexion grundlegenden Analysen betreffen vor allem den Raum des Innen.[5]

---

[2] Artnet, Online im Internet: URL: http://www.artnet.de/magazine/10-jahre-kunst-zu-911/ - Zugriff am 15.09.2013
[3] Tom Holert (2008), Regieren im Bildraum. Berlin, S.13
[4] Ebd.
[5] Michel Foucault (1967), Andere Räume. In, Karlheinz Barck (1990), Aisthesis. Wahrnehmung heute oder Perspektiven einer anderen Ästhetik, Leipzig, S.38

Bei dem hier betrachteten Werk handelt es sich zum Einen um einen äußeren, physischen Raum, der betreten und durchschritten werden kann, zum Anderen spielt es jedoch auf einen 'inneren' Raum an, der von Gedanken und Gefühlen besetzt ist. Auf diese Behauptung soll in 3.2. genauer eingegangen werden. Bei der Betrachtung der dicht nebeneinander gehängten Titelseiten aus aller Welt fällt sofort auf, dass sie sich sowohl bezüglich der abgebildeten Fotografien, als auch der Schlagzeilen stark ähneln, eine Beobachtung, die im folgenden Teil erläutert werden soll.

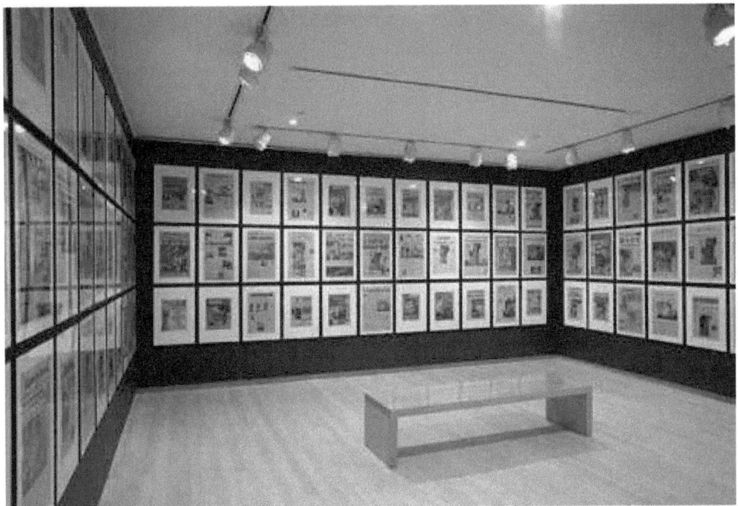

Hans-Peter Feldmann, *9/12 Frontpage*, 2008[6]

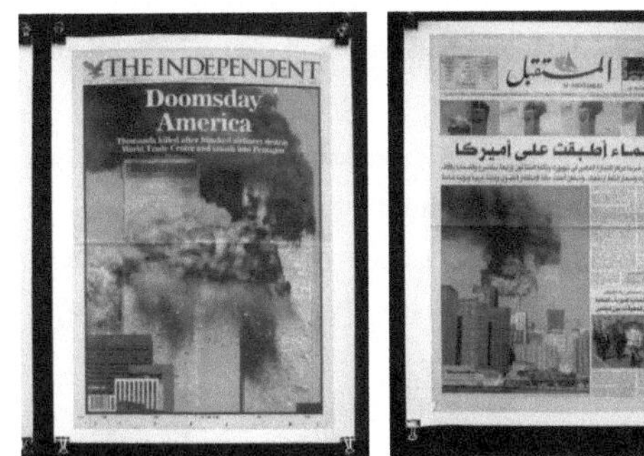
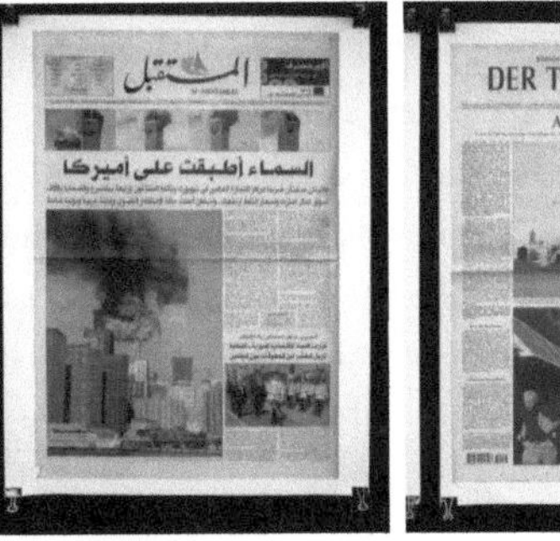
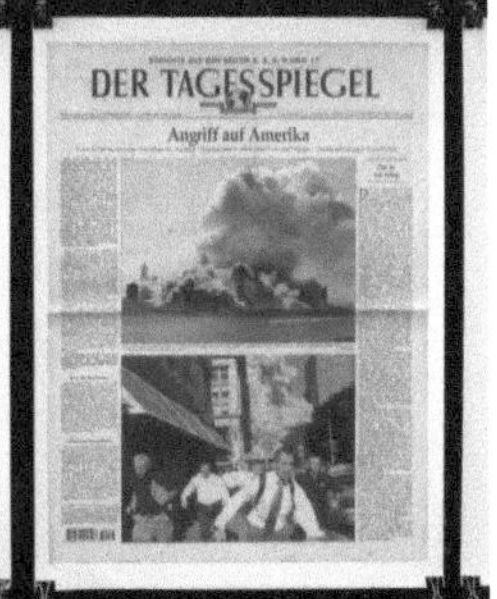

Hans-Peter Feldmann, *9/12 Frontpage*, 2008[7]

---

[6] Online im Internet: URL: http://www.designboom.com/cms/images/z103/n01.jpg - Zugriff am 20.09.2013

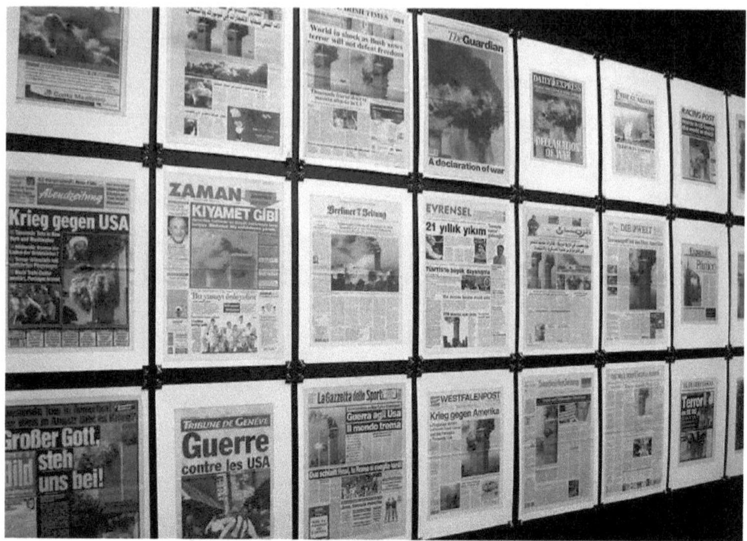

Hans-Peter Feldmann, *9/12 Frontpage, 2008*[8]

3. Das Phänomen der Wiederholung – 9/11 als visuelles Ereignis

Nach den Ereignissen am 11. September 2001 sei, wie Clément Chéroux in seinem Buch "Diplopie. Bildpolitik des 11. September" mit diversen Medienanalysen belegt, nur eine geringe Anzahl von Bildern und Sequenzen im Fernsehen gezeigt worden. Diese seien auf allen Sendern in Dauerschleife wiederholt worden. Da die Wiederholung gleichförmiger Bilder nicht nur im Fernsehen, sondern in sämtlichen Massenmedien stattfand, habe sich dieser Allgegenwärtigkeit niemand entziehen können.[9]

> Der Einschlag wurde in der Folge noch weiter verbreitet, häufig abwechselnd mit dem Bild der Rauchwolke, die sich zunächst über den brennenden Türmen erhob und dann, nach deren Einsturz, über den ganzen Himmel von Manhattan erstreckte. Mit oder ohne Ton, in Zeitlupe oder als Standbild, fragmentiert,

---

[7] Online im Internet: URL: http://www.designboom.com/cms/images/z103/n09.jpg - Zugriff am 20.09.2013

[8] Online im Internet: URL: http://www.artnet.com/Images/magazine/features/saltz/saltz3-3-08-2.jpg - Zugriff am 20.09.2013

[9] Clément Chéroux (2011), Diplopie. Bildpolitik des 11. September. Konstanz, S. 15 ff.

zerteilt, vervielfacht waren diese Bilder, die manchmal zu Logos umgestaltet wurden, auf Amerikas Bildschirmen allgegenwärtig. [10]

Dieses Phänomen "visueller Wiederholung"[11] findet Chéroux auch in der Berichterstattung der Tageszeitungen wieder, welche für diese Arbeit in Bezug auf *9/12 Frontpage* besonders relevant sind. So glichen sich die Titelseiten aufgrund der geringen Anzahl von Bildern, die nur wenigen Bildtypen zugeordnet werden könnten. Den Grund für die Auswahl gerade dieser Bilder sieht Chéroux in ihrer Eigenschaft als "Sinn-Kondensate, die für die Redaktionen, die sie ausgewählt haben, das Wesentliche des Ereignisses ausmachen"[12]

Auch Tom Holert legt dar, dass von Pressefotografie und Nachrichtenfernsehen "in faszinierenden und erzieherischen Wiederholungsschlaufen, zuverlässig und erwartbar die ikonischen Logos der Katastrophe – als massenkulturelle und – psychologische Referenzen"[13] produziert wurden.

Chéroux betrachtete im Zuge seiner Analysen der Bildpolitik des 11. September 400 Titelseiten amerikanischer Tageszeitungen vom 11. und 12. September 2001. Erstaunlich ist, dass 86 %, also fünf Sechstel dieser Titelseiten nur sechs Bildtypen zugrunde lagen. Hauptsächlich bezögen sich diese auf das "Leid des Gebäudes"[14] d.h. die Explosion und die Rauchwolke.[15] Diese Wiederholung sei jedoch nicht auf amerikanische Tageszeitungen beschränkt, sondern staatenübergreifend zu beobachten, was an mehreren Beispielen aus aller Welt belegt wird. Obwohl zahllose Kameras auf die Zwillingstürme gerichtet und zahllose Fotografien gemacht worden seien, habe nur eine sehr geringe Anzahl an Bildern Einzug in die Tageszeitungen gehalten, was den Menschen das Gefühl vermittelt habe, immer dasselbe zu sehen. Chéroux stellt die Frage nach den Gründen für dieses "Paradox der Berichterstattung"[16], welches er in der starken Reduktion des Bildmaterials sieht.

Es werden daraufhin Vorschläge genannt, wie sich dieses Phänomen begründen lasse. Die Medien würden, so Chéroux, aus denselben Quellen schöpfen, sie seien derselben Autorität unterworfen und unterlägen demselben Gewinnstreben

---

[10] Chéroux, S. 16
[11] Chéroux, S.17
[12] Chéroux, S. 18
[13] Holert , S.45
[14] Chéroux (2011), S.24
[15] Chéroux, S.24 ff.
[16] Chéroux, S.35

(besäßen daher ähnliche Marketingkonzepte). Infolgedessen würden sich auch Zeitungen, die Teil dieses Medienkonzepts seien, immer stärker ähneln, was zu einer Standardisierung der Inhalte führe. Bezüglich der Nachrichtenagenturen argumentiert der Autor, dass diese "verschwinden, fusionieren oder [...] von Investorgruppen geschluckt"[17] würden. Der 11. September habe weiterhin die Rolle großer Nachrichtenagenturen (vor allem *Associated Press*) bezüglich der fotografischen Berichterstattung bestätigt. So würden von 400 untersuchten Titelseiten 299 von *Associated Press* stammen, was bedeute, dass ¾ der gesamten visuellen Darstellung der Ereignisse des 11. Septembers vom Blick der Agentur bestimmt sei. Zudem sei die Berichterstattung über 9/11 von ökonomischen Faktoren bestimmt worden, was die Verknappung des Bildmaterials zur Folge habe. Infolge der Mechanisierung der Presse und den Entwicklungen in einem "Bilder-Markt [welcher] inzwischen von wenigen Händlern kontrolliert [...]"[18] werde, würden Bilder zu Produkten, die wie alle anderen Produkte einem "Vereinheitlichungsprozess"[19] unterlägen.[20]

Das Werk *9/12 Frontpage* macht durch die schlichte Nebeneinanderstellung der Titelseiten auf die oben beschriebene mediale Verknappung der Bilder aufmerksam. Die BetrachterInnen sind umgeben von ähnlichen Titelseiten aus aller Welt. Die Beschränkung der Berichterstattung (insbesondere in der Presse) auf nur wenige Bildtypen wird bei der Betrachtung des Werks unmittelbar gewahr.

Nach den Anschlägen vom 11. September sammelten mehrere amerikanische Organisationen, so Chéroux, die Titelseiten der Tageszeitungen. Kaum ein Ereignis der Vergangenheit habe zu solch einer Sammelwut angeregt. Als Beispiele nennt er die Organisationen: *Poynter Institute*, <u>Newseum</u> und *September 11 news.com*, welche auf der ganzen Welt Zeitungsmeldungen gesammelt hätten. Bei dieser Praktik stehe nicht das Bereitstellen von Informationen, sondern das Sammeln als Selbstzweck im Vordergrund. Es sei als Zeichen dafür zu sehen, dass etwas Ungewöhnliches an der Gestaltung der Medienprodukte aufgefallen sei, was unabhängig von dem Ereignis würdig sei, aufbewahrt zu werden[21]. Diese

---

[17] Chéroux, S.46
[18] Chéroux, S.48
[19] Chéroux, S.49
[20] Chéroux, S. 46 ff.
[21] Chéroux, S. 18 f.

Auffälligkeiten in der Aufmachung der Printmedien könnten auch Feldmann zu der Entscheidung bewogen haben, möglichst viele Titelseiten des Tages nach dem 11. September zu sammeln. Aufgrund der besonderen Bedeutung der Bilder in den Medien (insbesondere auf den Titelseiten) betrachtet Chéroux den 11. September als ein "zutiefst visuelles Ereignis"[22].

Dass die Anschläge sich als solches darstellen, erkennt auch Tom Holert, demzufolge die Annahme, "dass Bilder eine besondere Macht besäßen"[23], seit dem 11. September 2001 nicht mehr angezweifelt werden könne. Holert stellt fest, dass an diesem Tag "physische, psychische und politische Katastrophen so intensiv mit der Entstehung und Verbreitung von Bildern"[24] verbunden gewesen seien, dass "Bild-Ereignis und historisches Ereignis tendenziell ununterscheidbar werden"[25].

Der dominanteste Eindruck, der sich den BetrachterInnen des Werks *9/12 Frontpage* bietet, sind die ähnlichen, den Raum beherrschenden Bilder der zerstörten Zwilligstürme. Durch das Werk werden die Terroranschläge als *Bild-Ereignis* bzw. *visuelles Ereignis* vor Augen geführt. Dass eine einheitliche visuelle Wahrnehmung vorliegt, kann jedoch nicht behauptet werden. Obwohl das medial vermittelte Bild der Ereignisse von der ständigen Wiederholung derselben Bilder geprägt war, existieren verschiedene Wahrnehumgen, was auch Tom Holert erkennt:

> Schon das vermeintlich so eindeutige Bild-Ereignis des 11. September 2001 löst sich ja bei näherer Betrachtung in eine unüberschaubare Vielzahl von Visualitäten, Wahrnehmungsperspektiven, viszeralen Erfahrungen und politischen Positionierungen auf. Als Bewohner/in von Manhattan, als unmittelbar von Tod und Leiden Betroffene/r gar, hat man ein anderes 'Bild' dieses Tages als etwa die Mitglieder des globalen Medienpublikums, die an einem geografisch weit entfernten Ort die Ereignisse verfolgen.[26]

Auch die potenzielle Wirkung von *9/12 Frontpage* soll nicht so stark vereinfacht werden, dass die Diversität der Wahrnehmungen vernachlässigt wird. Die Vielfalt der "Visualitäten und Wahrnehmungsperspektiven", die Holert nennt, ist auch hinsichtlich der Rezeption des Werks gegeben. Ein Augenzeuge der Anschläge

---

[22] Chéroux, S.18
[23] Holert, S. 13
[24] Ebd.
[25] Ebd.
[26] Holert, S.17

würde das Werk mit völlig anderen Augen sehen als jemand, der nur ihre Reproduktion aus den Medien kennt. Natürlich ist die Wahrnehmung der dargebotenen Bilder auch von dem Kontext abhängig, in dem sie stehen. Die Überführung der Sammlung von Titelseiten in den Kunst-Kontext nimmt Einfluss auf die Wahrnehmungsperspektiven und somit auch die Interpretation der Materialien.

3.1. Das Prinzip des Sammelns und Archivierens

Im Folgenden ist eine Auseinandersetzung mit dem Werk *9/12 Frontpage* bezüglich archivarischer, aber auch sammlerischer Tätigkeiten angedacht. In dem Werk lassen sich, wie gezeigt werden soll, Eigenschaften beider Praktiken, der des Sammelns und der des Archivierens erkennen.

Ulf Wuggening und Patricia Holder führen verschiedene Aspekte des Sammelns aus und zitieren u.a. den Philosophen Krzysztof Pomian, dem zufolge Objekte gesammelt würden, um sie zur Schau zu stellen. Nach seiner Definition könne man unter einer Sammlung "jede Zusammenstellung natürlicher und künstlicher Gegenstände [verstehen], die zeitweise oder endgültig aus dem Kreislauf ökonomischer Aktivitäten herausgehalten werden, und zwar an einem abgeschlossenen, eigens zu diesem Zweck eingerichteten Ort, an dem die Gegenstände ausgestellt und angesehen werden können."[27] Diese Definition stimmt mit dem Vorgehen überein, dass zur Entstehung von Feldmanns Werk geführt hat. Auch hier wurden Gegenstände zusammengestellt und an einem Ort ausgestellt und angesehen, der eigens zum Zweck der Sichtbarkeit von Kunstwerken wie diesem eingerichtet wurde.

Die Ausarbeitung soll einem recht offenen Archivbegriff folgen, der dieses vor allem als ein Feld der Möglichkeiten sieht. Verfolgt wird nicht ein traditioneller Archivbegriff, sondern ein übergeordneter. Das Archiv wird als Ort begriffen, an dem, ganz allgemein, Träger von Bedeutung nach bestimmten Kriterien

---

[27] Krzysztof Pomian (1988), Der Ursprung des Museums. Vom Sammeln. Deutsche Übersetzung von Gustav Roßler, Berlin, S.16; zit. nach Wuggering/Holder (2002), Die Liebe zur Kunst. Zur Sozio-Logik des Sammelns. In, Interarchive. Archivarische Praktiken und Handlungsräume im zeitgenössischen Kunstfeld. Köln, S.205

zusammengetragen und aufbewahrt werden. Diese können im Zuge einer Recherche in einen neuen Kontext gebracht werden, um etwas Neues zu schaffen. In ihrem Text "Arena Archiv. Prozesse und Räume künstlerischer Selbstarchivierung" umreißt Beatrice von Bismarck die archivarische Praxis wie folgt:

> Angesprochen ist mit archivierenden Verfahren zunächst die Zusammenstellung von Materialien – von Objekten und Dokumenten, allgemeiner von Informationsträgern -, die ein selektives Vorgehen bereits voraussetzt. Es folgen Schritte des Aufbewahrens, Ordnens und Verwaltens, an die sich wiederum Entscheidungen knüpfen, wer wie welche Teile des Materials nutzen oder veröffentlichen darf.[28]

Eine solche moderne Form des Archivs, nämlich eine Zusammenstellung von Informationsträgern, in diesem Fall Titelseiten von Tageszeitungen (wobei es, wie sich gezeigt hat, vor allem um die Bilder geht), liegt auch in dem hier betrachteten Werk vor. Übereinstimmend mit Bismarcks moderner und recht allgemeiner Definition archivarischer Vorgänge wurden Materialen durch ein von Feldmann gewähltes Verfahren zusammengetragen und aufbewahrt. Das selektive Vorgehen, von dem Bismarck spricht, ist im Falle von *9/12 Frontpage* durch die Beschränkung auf Tageszeitungen gegeben, die am Tag nach den Terroranschlägen veröffentlicht wurden. Die Ausstellung der zunächst privaten Zusammenstellung erfolgte im Unterschied zu Bismarcks Definition jedoch nach keiner erkennbaren Ordnung bzw. Hierarchie. Die Titelseiten aus aller Welt wirken wie beliebig nebeneinander gehängt.

Nach Jacques Derrida ist das Archiv immer mit einer Wiederholung verknüpft. In seinem Buch: "Dem Archiv verschrieben. Eine Freudsche Impression" konstatiert der Philosoph: "Kein Archiv ohne einen Ort der Konsignation, ohne eine Technik der Wiederholung [...]"[29]. Die Wiederholung ist, wie 3. gezeigt hat, der stärkste Eindruck, der mit dem Werk verbunden ist. Sie kann als weitere Eigenheit gelten, die den archivarischen Charakter des Werks ausmacht.

Anika Heuserman, Lesine Märkel und Karin Prätorius stellen in ihrem Text "Ablegen unter >>endgültig vorläufig<<" den Versuch an, Unterschiede der

---

[28] Beatrice von Bismarck (2002), Arena Archiv. Prozesse und Räume künstlerischer Selbstarchivierung. In, Interarchive. Archivarische Praktiken und Handlungsräume im zeitgenössischen Kunstfeld. Köln, S.113
[29] Jacques Derrida (1997), Dem Archiv verschrieben. Eine Freudsche Impression. Berlin, S.25

Praktiken "Sammeln" und "Archivieren" herauszustellen, obwohl die Unterscheidungsmerkmale, wie sie zugeben, uneindeutig seien. Das Sammeln interpretieren sie als "(zumindest latentes) Streben nach Vollständigkeit innerhalb eines System-Ganzen"[30]. Die Praktik des Archivierens hingegen wird als ein "zukunftsoffener Aufschichtungsprozess" beschrieben, "der nach allen Seiten hin anschlussfähig bzw. erweiterbar bleibt."[31]. Von besonderer Bedeutung sei die "Veränderungsdynamik" des Archivs, ohne die sie als "bloßes Lager für aus dem Alltag ausgeschiedene Objekte an Gegenwartspotential [verliere]"[32].

Weiterhin würden Gegenstände beim Sammeln dem Alltagsgebrauch entzogen oder sogar fetischisiert. Archivierte Materialien erführen zwar auch einen Funktionswandel, die Recherche und Aufbereitung der Informationsträger ermögliche jedoch die Eröffnung neuer Handlungsräume[33]. Im Gegensatz zu gesammelten, vollends endfunktionalisierten Materialen besitzen archivierte Materialien also noch einen praktischen Wert.

Wenn man *9/12 Frontpage* als Archiv bezeichnen möchte, so handelt es sich, auch wenn dies auf der Basis der vorherigen Ausführungen zunächst paradox erscheinen mag, um eine Art abgeschlossenes Archiv, da keine Titelseiten mehr vom Künstler hinzugefügt werden. Durch Diskussionen der BetrachterInnen über die Ereignisse des 11. September bzw. deren Gedenken und die erneute Auseinandersetzung mit ihnen (mit deren medialer Reproduktion), welche die Ausstellung des Werks ermöglicht, werden jedoch auch *Handlungsräume* eröffnet. Das Miniaturarchiv wird dadurch gewissermaßen ergänzt und bleibt zu allen Seiten hin offen. Das Werk nimmt nichts vorweg, es liefert keine Antworten, sondern kreiert einen Frageraum, der durch die neuerliche Auseinandersetzung mit verschiedenen Themen neue Einsichten ermöglichen kann. Die Statik der physischen Unerweiterbarkeit wird dadurch aufgebrochen, eine *Veränderungsdynamik* kann auch dem Kunstwerk zugesprochen werden.

Von einer abgeschlossenen Sammlung von Materialien zu sprechen, würde dem Werk in diesem Sinne nicht gerecht werden. Vielmehr liegt eine Mischform aus Sammlung und Archiv vor. Weiterhin kann von einem Archiv im Archiv

---

[30] Heuserman/Märkel/Prätorius (2002), Ablegen unter >>endgültig vorläufig<<. In, Interarchive. Archivarische Praktiken und Handlungsräume im zeitgenössischen Kunstfeld. Köln, S.228
[31] Ebd.
[32] Ebd.
[33] Ebd.

gesprochen werden, da die Informationsträger eines kleinen, zunächst privaten Archivs in ein größeres, öffentliches Archiv[34] überführt und hier durch die Neukontextualisierung gewissermaßen re-archiviert werden. In diesem wird ihnen durch die Veröffentlichung und darauffolgende Rezeption etwas hinzugefügt. Das ursprüngliche Archiv von Titelseiten wird dadurch nicht aufgelöst, sondern erweitert, da es an Bedeutung gewinnt.

3.2. *9/12 Frontpage* als Archivraum des kollektiven Traumas

9/12 Frontpage ist eine künstlerische Form der sammlerischen bzw. archivarischen Praxis, die den 11. September, wie 3. gezeigt hat, als *visuelles Ereignis* vor Augen führt. Bezüglich der Ereignisse des 11.September 2001 spricht Tom Holert von einer "Bildermacht [die] in der Totalität eines weltumspannenden, seine Bewohner/innen ununterbrochen aktivierenden und kontrollierenden Bildraums"[35] ihre Erfüllung erfahre. Ein Außerhalb von diesem Bildraum, ein "Jenseits der 'Bilder'"[36] sei nach Holert nicht möglich.

Wie zur Zeit der Terroranschläge gibt es auch in dem Archivraum, den das Werk *9/12 Frontpage* darstellt, kein Außerhalb von den ähnlichen, sich wiederholenden Bildern, welche die BesucherInnen umgeben (siehe 3.1.). Ihrer Wirkungsmacht können sie sich nur schwer entziehen, wie sie es auch nach den Anschlägen des 11. Septembers nicht konnten. Die kollektive Erfahrung der Omnipräsenz dieser Bilder wird durch das Werk aktualisiert. Der Archivraum ruft persönliche Erinnerungen an die Ereignisse bzw. deren mediale Darstellung/Reproduktion an diesem Tag wach. Diese zwangläufige Identifikation macht den eindringlichen Charakter des Werks aus. In seiner Eigenschaft als Archiv, das durch seine Bildgewalt unmittelbar bestimmte Erinnerungen an den 11.September 2001 hervorholt, weist es aber auch auf den Zusammenhang hin, der zwischen dem Archiv, als Speicher von Bedeutungsträgern und Erinnerungen, die im 'Gedächnis-Archiv' eines jeden Menschen gespeichert werden, besteht.

---

[34] Kunstmusseen sollen nach der zugrundegelegten Definition als Archiv gelten
[35] Holert, S.15
[36] Ebd.

In 3.1. wurde bereits auf die Technik der Wiederholung hingewiesen, der sich Archive bedienen. Diese ist auch eine der Hauptmerkmale des hier betrachteten Archiv-Werks, was natürlich auch auf die sowieso schon eingeschränkte Bildberichterstattung des 12. September 2001 zurückzuführen ist (Siehe 3.) Clement Chéroux geht auf die psychoanalytische Theorie ein, welche die Wiederholung als Weg begreife, ein "Trauma abzureagieren, d.h. es umzuwandeln und möglicherweise auch zu bewältigen."[37]. In sämtlichen Medien seien nach den Anschlägen immer dieselben Bilder in Endlosschleife gezeigt worden, um das kollektive Trauma 9/11 erträglich zu machen. In diesem Sinne zitiert Chéroux auch einen Kommentar von Jacques Derrida zu den Anschlägen: ">>[…] [d]ie Wiederholung hat immer die schützende Wirkung, ein Trauma zu neutralisieren, zu lindern, wegzuschieben, und das gilt auch für die Wiederholung der Fernsehbilder [...]<<"[38].

Der Archivraum *9/12 Frontpage*, in dem die BesucherInnen von den gleichartigen, fest im kollektiven Bewusstsein verankerten Bildern der Terroranschläge umgeben sind, führt demnach ein kollektives Trauma vor Augen und könnte zu dessen Abarbeitung beitragen.

4. Zusammenfassung und Ausblick

Die Ausarbeitung hat gezeigt, dass das künstlerische 'Archiv-Werk' *9/12 Frontpage* die schrecklichen, einschneidenden Ereignisse des 11. September durch die schlichte Aneinanderreihung von Titelseiten, die von ikonisch gewordenen Fotografien dominiert werden, als *Bild-Ereignis* in den Blick rückt.
Die gleichen, allgegenwärtigen und sich ständig wiederholenden Bilder umgeben die BetrachterInnen wie zu der Zeit nach den Ereignissen.
9/12 Frontpage brachte die Bilder der Presseberichterstattung am Tag nach 9/11 mehrere Jahre nach den Anschlägen wieder zum Vorschein, was typischen archivarischen Vorgängen entspricht, bei denen Materialien gesammelt, aufbewahrt und zu einem späteren Zeitpunkt wieder ans Licht geholt werden.

---

[37] Chéroux, S.36
[38] Jaques Derrida und Jürgen Habermas (2006), Philosophie in Zeiten des Terrors. Gespräche geführt, eingeleitet und kommentiert von Giovanna Schöll. Hamburg, S.119; zit. nach Chéroux, S. 37

Zuerst wie eine abgeschlossene Sammlung wirkend, wird der Archivraum durch Diskussion und Bedeutungsproduktion in der Rezeption geöffnet. Das Werk bleibt zu allen Seiten erweiterbar und entspricht einem dynamischen Archiv, in welchem durch die Sichtung von Informationsträgern und deren Neukontextualisierung neue Einsichten gewonnen werden können.

Die Ausarbeitung zeigt am Beispiel von *9/12 Frontpage* auch, dass Archive nicht isoliert voneinander existieren, sondern ineinander verschränkt sind. Das kleine, von Hans-Peter Feldmann kreierte Archiv wird in ein größeres Archiv überführt, in dem es sich jedoch nicht auflöst, sondern eine Verbindung mit ihm eingeht. Das große Archiv Kunstmuseum und Feldmanns 'Archivwerk' ergänzen sich gegenseitig.

9/12 Frontpage entspricht keinem veralteten Bild von einem Archiv, in dem staubige, in Vergessenheit geratene Akten unter Ausschluss der Öffentlichkeit lagern. Das Werk wurde von einer privaten Sammlung an Titelseiten des 12. September 2001 zu einem öffentlichen Miniaturarchiv, das den kollektiv gespeicherten Bildern aus der Versenkung hilft, sie aktualisiert und die Menschen erneut mit ihnen konfrontiert. Vom äußeren Archivraum wird eine Brücke zu einem inneren Raum geschlagen, der von Erinnerungen an die Ereignisse bzw. deren mediale Darstellung besetzt ist. Neben Bildern, die sich in das kollektive Gedächtnis eingeprägt haben, spielen hier auch individuelle Erfahrungen verschiedener Wahrnehmungsperspektiven eine Rolle.

Die allgegenwärtige Wiederholung, der die BetrachterInnen des Werks ausgesetzt werden, führt ein kollektives Trauma vor Augen und könnte bei dessen Abarbeitung helfen (3.2.). Diese Behauptung kann in weiteren Forschungen noch vertieft werden. Hierzu wäre allerdings die Beschäftigung mit psychoanalytischer Literatur vonnöten, was den Umfang dieser Ausarbeitung überschreiten würde.

5. Literaturverzeichnis

Bismarck,   Beatrice von (2002): Arena Archiv. Prozesse und Räume
              künstlerischer Selbstarchivierung. In: Interarchive. Archivarische
              Praktiken und Handlungsräume im zeitgenössischen Kunstfeld. Köln

Chéroux,   Clément (2011): Diplopie. Bildpolitik des 11. September. Konstanz

Derrida,   Jacques (1997): Dem Archiv verschrieben. Eine Freudsche
              Impression. Berlin

Derrida,   Jacques/ Habermas, Jürgen (2006): Philosophie in Zeiten des Terrors.
              Gespräche geführt, eingeleitet und kommentiert von Giovanna
              Schöll. Hamburg

Foucault,   Michel (1967): Andere Räume. In: Karlheinz Barck (1990):
              Aisthesis. Wahrnehmung heute oder Perspektiven einer anderen
              Ästhetik. Leipzig

Heuserman,   Anika/ Märkel, Lesine/ Prätorius, Karin (2002): Ablegen unter
              >>endgültig vorläufig<<. In: Interarchive. Archivarische Praktiken
              und Handlungsräume im zeitgenössischen Kunstfeld. Köln

Holert,   Tom (2008): Regieren im Bildraum. Berlin

Pomian,   Krzysztof (1988): Der Ursprung des Museums. Vom Sammeln.
              Deutsche Übersetzung von Gustav Roßler. Berlin

Wuggering,   Ulf/ Holder, Patricia (2002): Die Liebe zur Kunst. Zur Sozio-Logik
              des Sammelns. In, Interarchive. Archivarische Praktiken und
              Handlungsräume im zeitgenössischen Kunstfeld. Köln

Internetquellen

Deichtorhallen, Online im Internet: URL: http://www.deichtorhallen.de/index.php?id=336 – Zugriff am 20.09.2013

Artnet, Online im Internet: URL: http://www.artnet.de/magazine/10-jahre-kunst-zu-911/ - Zugriff am 15.09.2013

Abbildungsverzeichnis

Hans-Peter Feldmann, *9/12 Frontpage* (2008), Online im Internet: URL: http://www.designboom.com/cms/images/z103/n01.jpg - Zugriff am 20.09.2013

Hans-Peter Feldmann, *9/12 Frontpage* (2008), Online im Internet: URL: http://www.designboom.com/cms/images/z103/n09.jpg - Zugriff am 20.09.2013

Hans-Peter Feldmann, *9/12 Frontpage* (2008), Online im Internet: URL: http://www.artnet.com/Images/magazine/features/saltz/saltz3-3-08-2.jpg - Zugriff am 20.09.2013